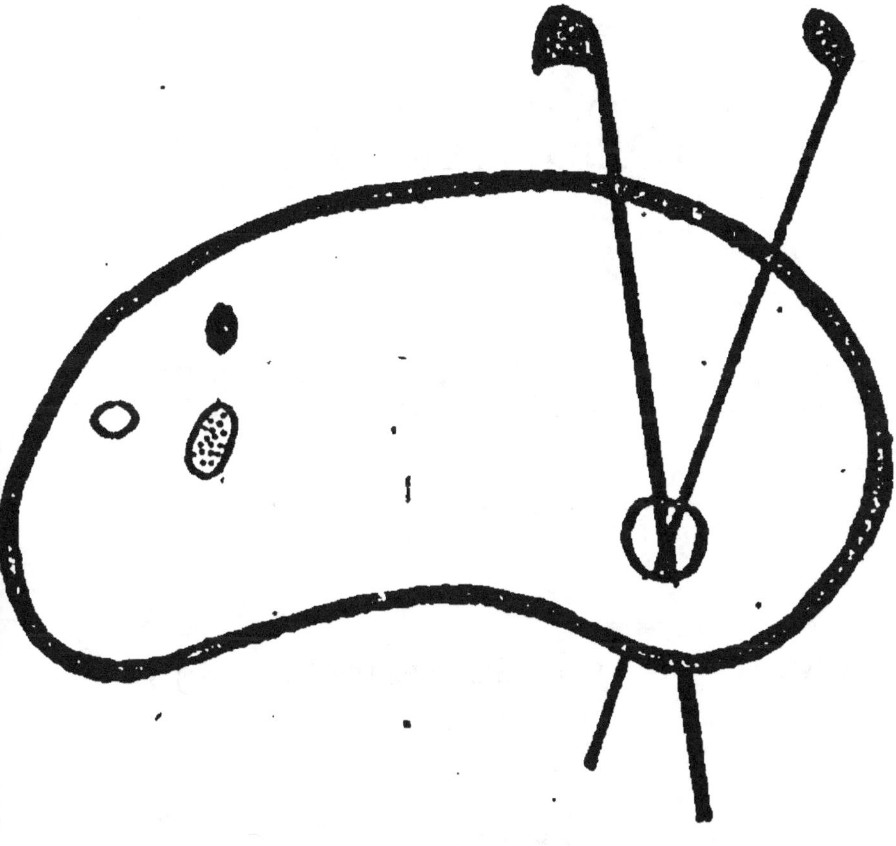

**DEBUT D'UNE SERIE DE DOCUMENTS
EN COULEUR**

L'ÉGLISE SAINT-GAON DES LOGES

CONSÉCRATION

ET

DESCRIPTION

Souvenir du 22 Septembre 1896

LANGRES

IMPRIMERIE ET LIBRAIRIE RALLET-BIDEAUD

8, rue Barbier-d'Aucourt, 8

—

1896

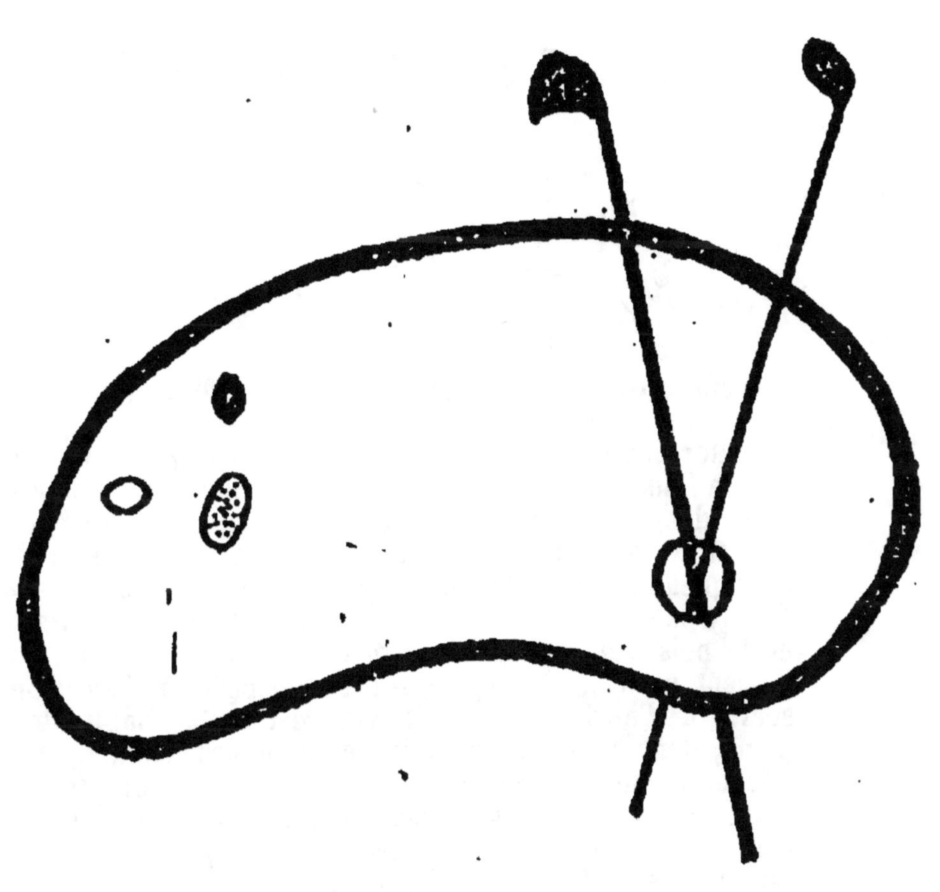

FIN D'UNE SERIE DE DOCUMENTS
EN COULEUR

L'ÉGLISE SAINT-GAON DES LOGES

Vous est-il jamais, chers lecteurs, arrivé de visiter Les Loges ?

Pittoresquement assis, à 17 kilomètres environ au sud-est de Langres, sur une montagne qu'entourent de trois côtés des gorges profondes et qui, à l'ouest, en particulier, se termine par une pente extrêmement rapide au bas de laquelle coule le Saulon ; généreusement pourvu par Dieu à la fois et du « vin qui réjouit le cœur de l'homme » et du bois qui réchauffe ses membres, et du blé qui entretient sa vie, et même du grès qui peut, à l'occasion, servir à l'abriter, ce petit village de 250 habitants à peine, dont le nom rappelle les humbles cabanes des bûcherons de la forêt de Grosse-Sauve qui l'ont fondé, entre le xive et le xve siècle, est loin d'être la dernière des localités de la Haute-Marne : *Nequaquam minima est in principibus Juda* (1).

I

Peu de communes, en notre département, ont, je crois, plus d'intéressants souvenirs à offrir à la curiosité de l'historien.

(1) Math., II, 6.

Au sud de son territoire, on a trouvé, il y a environ deux siècles, sur une hauteur, un cippe funéraire orné de deux figures en relief, l'une d'homme et l'autre de femme, qui prouve que, dès les temps les plus reculés, il y avait là des habitations humaines : dans d'autres endroits, notamment, sur le chemin de Torcenay, au lieu dit le *Maiselot*, la charrue des laboureurs, a mis au jour, il y a une soixantaine d'années, des débris de constructions, ciment, pierres et briques, des médailles et même des caveaux renfermant des ossements, — le tout extrêmement ancien.

Parmi les trois fermes qui en dépendent, il en est deux, en outre, qui ont un passé : Montfricon et Grosse-Saulve (1).

Montfricon, près de Rivières, a longtemps formé un fief relevant de l'Évêché de Langres.

Quant à Grosse-Sauve, qui, comme l'on sait, est situé sur l'ancienne voie romaine de Langres à Besançon, il a eu successivement trois destinations point du tout banales.

Sous les Césars, c'était une *mansio*, c'est-à-dire une maison de relais, où l'Etat entretenait des chevaux et des chars pour les voyageurs chargés des affaires publiques.

A l'époque de Charlemagne, il fut transformé en hôpital et, comme tel, rendit les plus grands services : enrichi de donations par les seigneurs de Coublanc, de Bussières, de Frettes, de Torcenay, de La Ferté et du Pailly ; exempté de dîmes par une bulle d'Eugène III, le disciple de notre S. Bernard ; protégé et subventionné par nos Evêques et par les chanoines de Saint-Mammès qui, avant la fondation de Saint-Laurent de Langres (1201), le regardaient comme l'hôpital propre de leur Eglise, il eut la gloire, au temps des croisades, d'abriter sous les arcades bienfaisantes de ses voûtes de nombreux pestiférés, admirablement soignés par les religieux hospitaliers de l'Ordre de Saint-Augustin.

(1) L'autre ferme porte le nom poétique de *Court-au-Loin*.

Converti en prieuré, vers le milieu du xv° siècle, sous le vocable de S. Nicolas, il fut, en 1620, donné aux Jésuites, puis, enfin, en 1624, et avec la charge d'y dire tous les jours la messe et d'employer ses revenus à l'entretien des clercs pauvres du diocèse de Langres, cédé aux Prêtres de l'Oratoire auxquels Mgr Zamet venait, alors, de confier la direction de son Séminaire. En changeant d'hôtes, toutefois, il importe de le faire observer, il ne changea rien à ses traditions de charité et, jusqu'à la Révolution, ses portes, à l'entrée desquelles, à certaines époques fixes de l'année, se faisaient des distributions d'aumônes, passaient pour très secourables aux pauvres et surtout aux voyageurs. Témoin ce chêne à l'aspect bizarre, appelé l'arbre de *Macabré*, qui se voyait encore dans son voisinage, il y a un demi-siècle à peine, sur le compte duquel courait plus d'une légende et dont les branches, par suite de la coutume qu'avaient les pèlerins qui passaient là de former des couronnes avec ses rameaux afin d'indiquer la route à ceux qui les suivaient, avaient toutes la forme circulaire.

Mais ce ne sont pas seulement les alentours des Loges qui sont curieux à étudier.

Le village lui-même offre cette particularité, peu commune, que plusieurs des dates de son histoire sont connues d'une manière précise ; on sait en quelle année son église fut bâtie et érigée en paroisse. Ce fut en 1516, sous l'épiscopat de Michel Boudet. On sait aussi à quelle époque il eut un curé à demeure. Ce fut en 1622, à la suite d'une souscription des habitants qui, après avoir déjà fait preuve d'une foi aussi généreuse que profonde, en construisant à leurs frais un presbytère, s'engagèrent à payer chaque année une redevance au prêtre qui serait envoyé pour les desservir. Auparavant, la résidence du curé était à Grosse-Sauve.

Tel est, en abrégé, le cortège de souvenirs avec lequel apparaissaient, jusqu'ici, Les Loges aux regards du voyageur qui les traversait.

Mais, depuis quelques jours, cette paroisse a à présenter au visiteur quelque chose de plus encore que l'attrait venant de son passé : elle a à lui faire voir une nouvelle et fort jolie église, fruit à la fois de l'art, du dévouement et de la charité chrétienne, avec laquelle, chers lecteurs, je vous demande la permission de vous faire faire connaissance.

II

Un mot d'abord, si vous le voulez bien, de son emplacement.

Cet emplacement, selon nous, a été très heureusement choisi.

Située non plus à l'extrémité, comme sa devancière, mais au centre même du village, la nouvelle église, que doit bientôt entourer un square planté de gracieux arbustes, a non seulement l'avantage d'être d'un accès facile, mais elle a encore celui de rappeler un souvenir historique pieux : l'endroit, où elle s'élève, était autrefois occupé par la maison où, durant plusieurs siècles, le Séminaire de Langres, qui était seigneur des Loges, percevait les dîmes, — dîmes dont le produit était employé à une fin essentiellement surnaturelle, attendu que, comme les revenus de Grosse-Sauve, il était versé dans la caisse de ce qu'on nommerait aujourd'hui l'*Œuvre des Vocations sacerdotales*.

Comme construction, la jeune église Saint-Gaon ne laisse non plus rien à désirer.

Si sa solidité fait honneur à l'entrepreneur, qui en a fait la maçonnerie, M. Amor, de Villegusien, son architecture en fait bien davantage encore a celui qui en a dressé les plans et surveillé l'exécution : on y reconnaît à la fois le goût et le savoir-faire du maître habile et expérimenté auquel sont déjà dues, entre autres, l'édification des églises de Frécourt et de Rougeux et la restauration de celles de Chauffourt et de Fresnoy ; j'ai nommé M. Henry Méot.

Le style adopté est celui du xiii° siècle.

Vu de l'extérieur, d'abord, le pieux édifice a de quoi satisfaire l'œil des plus exigeants.

Le clocher, très majestueux, est en même temps très

dégagé : il consiste dans une flèche octogonale flanquée de quatre clochetons et reposant sur une corniche saillante ornée de modillons : il est bâti, partie en pierre de Bugnières et partie en pierre de Grenant, et est élégamment accosté de deux tourelles dont l'une, celle du nord, sert de montée à la tribune et dont l'autre, celle du sud, abrite les Fonts baptismaux.

Entre les ouvertures des abat-son figurent les symboles des quatre Evangélistes : sur la façade, l'homme (S. Mathieu) : à l'est, le lion (S. Marc) : au sud, le bœuf (S. Luc) et à l'ouest, l'aigle (S. Jean).

Une belle fenêtre tergéminée, éclaire la tribune.

Sur le tympan du portail, se voit une croix avec cette inscription, de nature à inspirer à la fois et du respect et de la confiance à ceux qui entrent « *Hic domus Dei et porta cœli* : c'est ici la maison de Dieu et la porte du ciel. »

Au-dessus du toit, regardant le village et dominant de beaucoup le faîte du sanctuaire et celui de la nef, se tient un ange, aux ailes d'or déployées : c'est l'Ange gardien de la paroisse : son attitude, à elle seule, est tout un sermon : d'une main, il montre le ciel et, de l'autre, il présente aux passants, peut-être parfois trop tentés de l'oublier, la couronne qui les attend, là haut, s'ils ont le courage, ici-bas, de « combattre le bon combat. »

La disposition de l'intérieur n'accuse pas moins de sens pratique que de sens artistique : une seule nef à deux travées et aux extrémités du transept deux chapelles éclairées, au lieu et place de rosaces, par des fenêtres géminées : pour de petites églises, c'est vraiment là le plan idéal.

Les fenêtres de la nef, — ainsi, du reste, que celles du transept — sont ornées de simples grisailles : à ses murs et, en couvrant la nudité, est appendu un Chemin de Croix en terre cuite avec personnages en relief, dont les stations sont toutes du meilleur goût. Il sort des ateliers de M. Pierson, de Vaucouleurs.

Sur les banderolles des dix chapiteaux — et c'est là une pensée aussi originale qu'heureuse, j'allais dire qu'apostolique — ont été gravés, en latin, les dix préceptes du Décalogue.

Des deux autels du transept, l'un, celui de droite, est, naturellement, dédié à la Sainte Vierge : l'autre, celui de gauche, est non moins naturellement consacré au glorieux — et puissant — Patron de la paroisse : le cénobite verdunois, S. Gaon.

Marie, est représentée tenant dans ses mains l'Enfant-Jésus : elle a pour assistantes, deux statues : à droite, celle de Sainte Anne, la patronne des mères chrétiennes et, à gauche, celle de Sainte Catherine, la protectrice et le modèle des jeunes filles.

S. Gaon, le thaumaturge spécialement invoqué contre la peste, en l'honneur duquel, le 26 mai, se fait encore, chaque année, à Langres, une procession votive de reconnaissance et dont le culte paraît s'être, surtout répandu dans notre diocèse, au début du xvie siècle, à l'époque, précisément, où, comme je le disais tout à l'heure, fut fondée la paroisse des Loges. — S. Gaon, dis-je, par allusion à deux épisodes bien connues de sa vie, est représenté foulant aux pieds un sac d'écus et tenant dans ses mains un exemplaire de la Bible : à sa droite est la statue de S. Nicolas, le patron des garçons et à gauche celle de S. Antoine de Padoue, le patron... de tous ceux qui ont quelque grâce à demander, c'est-à-dire de tout le monde.

Le chiffre des titulaires de ces deux autels mineurs est gravé entre les deux chapiteaux principaux du transept où, à droite, se voient les lettres A. M. et, à gauche, S. G. : les statues qui les décorent viennent aussi de la maison Pierson.

Nous voici arrivés au sanctuaire.

Dans toute église c'est la partie la plus importante et ici, aux Loges, cette partie a été l'objet d'un soin particulier.

Le pourtour intérieur de ses murs est recouvert d'un revêtement de feuilles de marbre roussâtre, encadrées de pierres blanches et surmontées d'un couronnement de même nature, qui font le meilleur effet : son pavé est formé d'un carrelage, étoiles sur fond bleu, qui est également fort beau et qui, comme celui des chapelles latérales, provient de Paray-le-Monial.

Quant à son décor il est, à la fois, un et multiple : il

ne nous parle que d'un seul personnage : le Christ, mais il nous le montre sous des aspects variés : dans les vitraux du fond — tous très réussis, et fournis par la maison Champigneulle de Bar-le-Duc — est successivement racontée dans neuf médaillons la vie du Christ vivant parmi les hommes : à droite, la Nativité, Jésus au milieu des Docteurs, l'atelier de Nazareth ; à gauche, le sermon sur la montagne, la résurrection de Lazare, Madeleine aux pieds du Maître : au milieu, enfin, le crucifiement, la Résurrection et l'apparition aux disciples d'Emmaüs. Les nervures de la voûte, elles, nous redisent le Christ mourant pour les hommes : quatre anges y sont représentés portant dans leurs mains les quatre symboles principaux de la Passion : la Couronne d'épines, la Croix, le Suaire, le Marteau et les Clous. Reste le Christ se donnant aux hommes dans l'Eucharistie. Il nous est, tout naturellement, rappelé près de la Table de communion. Quatre anges, sculptés entre les deux chapiteaux du transept et à la base des colonnes de l'entrée du chœur, sont chargés de nous expliquer le grand mystère de foi et d'amour : ceux des chapiteaux portent dans leurs mains le premier, un calice et, le second, une hostie : ceux de la base des colonnes sont munis de banderolles significatives : à droite, vous lisez : « *Accipite et manducate panem de cælo*, recevez et mangez le pain descendu du ciel ; » à gauche : « *Panis angelicus fit panis hominum*, le pain des anges devient le pain des hommes. »

Au milieu du chœur se dresse l'autel, œuvre, comme du reste toutes les sculptures de l'édifice, d'un artiste haut-marnais déjà avantageusement connu et qui, ici, s'est peut-être encore surpassé ; je veux parler de M. Couvreur, de Fayl-Billot.

Les marches sont en pierre de Fouvent ; l'autel, lui-même, dans le tombeau duquel sont renfermées des reliques des SS. Jumeaux, de S. Vincent, martyr, et de S. Grégoire, évêque de Langres, est en pierre de Savonnières ; sous ses arcatures tant supérieures qu'inférieures sont placées les statues des douze apôtres, dont la présence et la position autour du tabernacle où réside Notre-Seigneur, rappellent, instinctivement, à l'esprit le souvenir de la Cène.

Ajoutons, enfin, pour ne rien omettre, que sur le sanctuaire, et conduisant à deux sacristies, situées à droite et à gauche de l'abside, s'ouvrent deux portes au-dessus desquelles se voient deux statues qui ne pouvaient être oubliées et que jusque-là notre œil cherchait, pour ainsi dire, malgré lui, dans l'édifice : à droite la statue du Sacré-Cœur et à gauche celle de S. Joseph.

Détails et ensemble, on le voit, tout a été bien compris dans l'église des Loges. Ce monument, ainsi que je le disais en commençant, vaut vraiment la peine d'une visite ; il est « joli » et dans quelques mois, quand son mobilier sacré sera complet (1), il n'y aura plus guère qu'un seul ornement qu'il sera possible de lui souhaiter : celui que devra lui apporter, chaque dimanche, la pré-sence empressée et recueillie de la population à laquelle il est destiné à servir de lieu de prière.

III

Mais ici se pose une question :

« Par qui ont été faits les frais de ce bel édifice ? Avec quel argent ont été rémunérées les mains qui ont jeté en terre ou lancé dans les airs après les avoir polies et tail-lées toutes ces montagnes de pierres ? A qui Les Loges doivent-ils de posséder une église capable de rivaliser avec ses voisines de même style, élevées, dans ces cin-quante dernières années, un peu sur tous les points du canton de Fayl-Billot : à Broncourt, à Corgirnon, à Savi-gny, à Rosoy, à Gilley, à Genevrières, à Chaudenay. »

(1) Un certain nombre des *articles* de ce mobilier, disons-le en passant, est déjà acheté. On nous a fait voir notamment, à la sacristie, à côté de deux superbes candélabres destinés à être placés de chaque côté de l'autel, deux bannières de la Sainte Vierge et de S. Gaon achetées à la maison Volfrom, de Nancy, avec les offrandes des habitants et qui, tant par leur richesse que par leur bon goût, sont vraiment dignes de l'édi-fice qu'ils sont appelés à décorer.

A cette question une plaque commémorative, placée au-dessous de la tribune et au-dessus de la porte d'entrée, donne bien, il est vrai, en mentionnant les noms d'un certain nombre de bienfaiteurs, un commencement de réponse ; mais, cette réponse est loin d'être complète : au risque de blesser une modestie, nous croyons devoir, pour l'honneur de notre clergé, combler, en partie tout au moins, les vertueuses lacunes de cette inscription, volontairement écourtée et suppléer aux réticences du marbre.

C'était il y a dix-sept ans.

La vieille église, construite, en 1516, par les bûcherons de Grosse-Sauve était dans le plus lamentable état. Non seulement, en effet, elle faisait peine à voir avec sa sacristie trop étroite, avec sa nef où un vulgaire plafond tenait lieu de voûte : avec son pauvre autel de bois surmonté d'un rétable plus que quelconque ; avec, enfin, son clocher qui, quoique rebâti en 1828, n'en était pas pour cela d'un meilleur goût, mais elle était encore dangereuse à habiter : sa nef menaçait de s'écrouler sur les fidèles.

De l'avis de tous, une reconstruction s'imposait ; mais, de l'avis de tous aussi, cette reconstruction se présentait comme bien difficile, pour ne pas dire comme impossible.

La commune n'avait pas de ressources : successivement obligée de faire face à diverses dépenses coûteuses et urgentes : réfection d'une rue et de chemins vicinaux, construction d'aqueducs, remplacement de la maison d'école et de la cure devenues l'une et l'autre inhabitables, elle ne pouvait rien ou à peu près rien donner pour l'église.

Les habitants, il est vrai, héritiers de la foi et de la générosité de leurs aïeux du XVI° siècle, étaient prêts à apporter à l'œuvre leur concours : mais si précieux et surtout si édifiant qu'il pût être, ce concours était insuffisant pour mener à bonne fin l'entreprise.

Les choses en étaient là quand, en 1879, M. l'abbé Mielle fut appelé par Mgr Bouange à desservir la paroisse des Loges.

Le nouveau curé auquel son évêque avait, en le nommant, donné la mission spéciale de trouver des ressources, avait tout ce qu'il faut pour réussir dans sa tâche :

il était jeune, et la jeunesse ne recule devant rien parce qu'elle ne doute de rien : il venait de Joinville où, durant deux années, il avait été vicaire et où il avait appris deux choses : l'une, à l'école de son curé, le courageux abbé Desmot et c'était la ténacité sainte qu'il faut savoir déployer quand il s'agit d'élever à Dieu un temple : l'autre, auprès de la sainte Ceinture du virginal époux de Marie et c'était une confiance sans bornes dans la protection de S. Joseph, le patron-né de tous les hommes d'œuvre : surtout il avait une foi profonde et, comme l'a dit la Sagesse éternelle : *Omnia possibilia sunt credenti.*

Avec cela et avec l'ardent amour pour sa paroisse dont était animé M. l'abbé Mielle, on ne pouvait échouer.

Avant de demander un secours à l'Etat qui, plus tard, lui alloua 8.000 fr., le jeune curé s'adressa à ses ouailles. Celles-ci lui donnèrent tout ce qu'elles purent mais ce qu'elles pouvaient, nous l'avons dit, était bien peu de chose.

Force fut donc à M. l'abbé Mielle de tendre la main au public chrétien, tant à celui de France qu'à celui de l'étranger : il le fit sous forme de lettres.

Pendant plus de quinze ans notre ami, qui, entre temps, et comme pour se reposer de son ministère paroissial, trouvait encore le moyen de préparer trois élèves, aujourd'hui prêtres, pour le Petit-Séminaire, se condamna à écrire chaque jour un nombre fixe de lettres de sollicitations. Combien en envoya-t-il durant cet espace de temps? Lui-même en a fixé le chiffre à 60,000.

Soixante mille lettres !

Sait-on bien ce que représentent de fatigues physiques et finalement, à la longue, de lassitudes morales la manuscription et l'expédition d'une pareille masse de suppliques toutes forcément, plus ou moins uniformes, et toutes, en dernière analyse, se terminant par la formule sinon humiliante, tout au moins humiliée des mendiants qui tendent la main à la porte de nos demeures : « *Pour l'amour de Dieu, s'il vous plaît !* » Sait-on bien aussi ce qu'elles supposent de courage ?

Ce courage, M. l'abbé Mielle l'a eu et c'est grâce à cela que la paroisse des Loges a aujourd'hui une église.

Les hommes lui en seront-ils longtemps reconnaissants ?

On a déjà vu, quelques fois, des exemples du contraire. Ce que je sais bien et ce que je puis affirmer, c'est que Dieu l'en récompensera.

Et je ne sais si je ne me trompe, mais il me semble que la chose doit être déjà faite en partie et que, le 22 septembre, en prenant possession du temple que le zèle et la foi de notre confrère lui a ainsi élevé, coup de plume par coup de plume, sou par sou, pierre par pierre, Notre-Seigneur a dû, en abaissant sur lui un regard particulier d'amour et de gratitude, lui redire, en le modifiant, le mot jadis adressé par Lui à l'Ange de l'Ecole : « *Vous avez bien et beaucoup écrit pour moi, ô mon fils !...* »

IV

Je viens de faire allusion à la consécration de l'église Saint-Gaon. Mes lecteurs n'attendent pas que je leur décrive, un à un et par le menu, tous les rites, si expressifs qu'ils soient, de cette cérémonie. Qu'il leur suffise de savoir qu'elle a été magnifique.

Monseigneur Larue était arrivé dès la veille au soir, le lundi 21, en compagnie de M. Ravry, son vicaire général et de M. l'abbé Villard, chancelier de son Evêché.

Accueillie au son des cloches tout nouvellement placées dans la tour de la nouvelle église et dont les premières sonneries étaient pour saluer le chef du diocèse, Sa Grandeur fut reçue, à l'entrée du village, par M. le Curé de la paroisse, assisté du Conseil municipal, maire en tête, et du Conseil de Fabrique.

Voici en quels termes M. l'abbé Mielle souhaita la bienvenue à Monseigneur :

MONSEIGNEUR,

Vous venez visiter aujourd'hui une des plus humbles paroisses de votre diocèse. Mais si l'obscur village des Loges, caché derrière ses grandes forêts, ne compte guère au regard des hommes, il est grand cependant aux yeux de Dieu par la foi religieuse de ses habitants.

C'est cette foi qui, depuis longtemps, faisait désirer à ces derniers une nouvelle maison de prières et leur a inspiré de s'imposer des sacrifices sérieux pour arriver à se la procurer.

C'est cette même foi qui leur faisait ardemment souhaiter que ce fût le premier pasteur du diocèse qui vînt lui-même leur ouvrir la porte de ce temple.

L'inépuisable charité des âmes chrétiennes a comblé le premier des vœux de mes bons paroissiens,

Votre bonté, Monseigneur, donne satisfaction au second. Que Votre Grandeur en soit mille fois mille fois remerciée !

Monseigneur répondit par quelques mots aimables où tout le monde eut sa part, puis, suivi de son cortège, il se mit en marche vers l'église, par un chemin qui était une véritable voie triomphale.

La rue qui conduit de l'entrée du village au presbytère était bordée, en effet, de genevriers piqués de roses, formant avenue, et de dix grands mats de 8 mètres de haut, portant à leur sommet des oriflammes de six mètres de long.

Ces oriflammes bicolores faisaient le plus gracieux effet : jaunes et blanches (les couleurs du Saint Père) à l'entrée du village, violettes et blanches (les couleurs de Monseigneur) à la porte de la cure, rouges et blanches près de l'église, elles étaient roses et blanches et vertes et blanches le long de la rue.

A la cérémonie du lendemain 22, toute la paroisse, ou à peu près, s'était donné rendez-vous. Quarante-cinq ecclé-siastiques environ étaient présents. A leur tête, on remarquait M. l'abbé Heuret, curé-doyen de Fay-Billot. Les chants furent exécutés avec beaucoup d'art et de précision par la petite Maîtrise de Chalindrey. La procession à la vieille église, pour aller chercher le T. S. Sacrement et l'apporter dans la nouvelle, a particulièrement été édifiante.

Monseigneur avait comme prêtres assistants M. l'abbé Regnier, curé de Coiffy, originaire des Loges, et M. l'abbé Mielle, curé de Laferté-sur-Amance et oncle du vaillant *batisseur* de la nouvelle église.

M. l'abbé Ravry chanta la messe. Quant aux fonctions de diacre et de sous-diacre, elles furent remplies par deux enfants des Loges : M. l'abbé Damas, curé de Faverolles, et M. l'abbé Varney, vicaire de Bussières-les-Belmont.

Commencé à 8 heures, l'office ne prit guère fin que vers une heure moins un quart.

Il se termina par la reconduite processionnelle de Monseigneur au presbytère.

Arrivé dans la cour de la cure, Monseigneur, voulant reconnaître, au moins par quelque chose, le mérite du prêtre essentiellement dévoué auquel, en grande partie, était dû le beau monument qu'il venait de consacrer, nomma M. l'abbé Mielle chapelain de sa cathédrale.

Au banquet qui suivit, interprète aussi délicat que qualifié des sentiments de toute la paroisse des Loges, M. l'abbé Regnier, curé de Coiffy le-Bas, adressa à Sa Grandeur les paroles suivantes :

MONSEIGNEUR,

Enfant de cette paroisse et maintenant l'aîné des prêtres qu'elle a donnés à l'Eglise, je vous demande la permission de parler au nom de mes confrères et de tous mes compatriotes.

Nous avons tous la même pensée et nos cœurs s'unissent pour exprimer les sentiments qui nous animent.

Nous sommes heureux, Monseigneur, de vous voir en cette belle fête au milieu de nous. Vous nous donnez un éclatant témoignage de votre bonté paternelle, en couronnant l'œuvre que Votre Grandeur a encouragée par la puissance de sa parole, et en consacrant cette nouvelle église qui restera le plus bel ornement du pays. Nous vous remercions tous en vous priant d'accepter le tribut de notre vénération profonde, de notre filiale affection et de notre vive reconnaissance.

Cette magnifique église, qui fait l'admiration de tous, attestera aux âges futurs, avec le goût remarquable et le sentiment religieux de l'architecte qui l'a construite, l'esprit catholique, la piété des fidèles étrangers à la paroisse et des habitants du pays qui ont généreusement apporté leur concours. Elle attestera, avant tout, le dévouement et la sainte constance du digne et vénéré pasteur de cette paroisse. C'est à lui que revient la plus large part de l'honneur de cette solennité. Nous savons tous avec quel zèle et quelle persévérance il a travaillé depuis son entrée aux Loges à cette œuvre qu'il avait tant à cœur. Et si je ne craignais de soulever le voile dont s'entoure sa modestie, je dirais au prix de quels labeurs, de quels sacrifices il a su trouver les ressources nécessaires à ce qui était pour le pays une grosse, une lourde entreprise. Il a été à la peine, qu'il soit maintenant à la joie. Il lui est donné, dans ce jour solennel, de voir la réalisation de ses vœux les plus chers et de ses plus légitimes espérances.

La paroisse des Loges, Monseigneur, est fière d'être dirigée par un curé si digne et si dévoué, et je suis l'interprète de tous les cœurs en disant qu'il ne se contente pas d'édifier l'église matérielle, mais que l'église des âmes est le premier objet de sa sollicitude, et qu'il la gouverne avec une grande fermeté et une bonté exquise.

Nous formons les vœux les plus ardents pour que Dieu accorde à ce prêtre vénéré de longs jours au milieu de nous, et lui permette de continuer son ministère de grâces, de bénédictions et de prières dans une église vraiment digne de la Majesté divine et du Dieu de l'Eucharistie.

Nous ne pouvons le récompenser comme il le mérite, mais nous lui promettons ce qui est en notre pouvoir: l'immortalité de son nom parmi nous, la gratitude et la respectueuse affection dont nos cœurs sont capables.

Nous vous remercions particulièrement, Monseigneur, de l'honneur que vous faites à la paroisse des Loges dans la personne de notre bien-aimé curé en le nommant chapelain de votre cathédrale.

Nous demandons à Dieu de le payer dès ici-bas de ses travaux par un ministère heureux et fécond, et d'être lui-même sa récompense dans la vie future. En adressant au ciel cette demande, nous vous prions, Monseigneur, de l'appuyer de votre paternelle bénédiction.

A ce discours dont chaque phrase, pour ainsi dire, fut soulignée par les applaudissements de l'assistance, Monseigneur répondit par quelques mots tirés de son cœur d'Evêque dans lesquels, après avoir payé un juste tribut d'éloges à l'architecte, aux entrepreneurs, à la municipalité, aux paroissiens et au curé, il dit toute la joie pieuse que lui avait apportée cette belle journée.

La fête était finie : mais le souvenir, j'en suis sûr, ne finira jamais : la date du 22 septembre restera éternellement gravée dans l'âme des habitants des Loges : *Habebunt hunc diem in monumentum.*

Louis MARCEL.

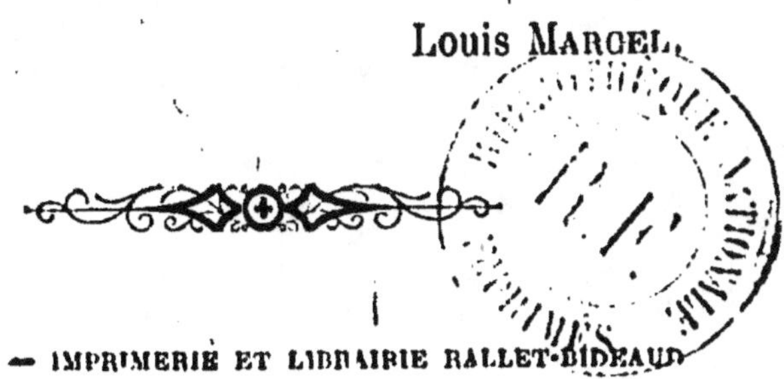

LANGRES. — IMPRIMERIE ET LIBRAIRIE RALLET-BIDEAUD

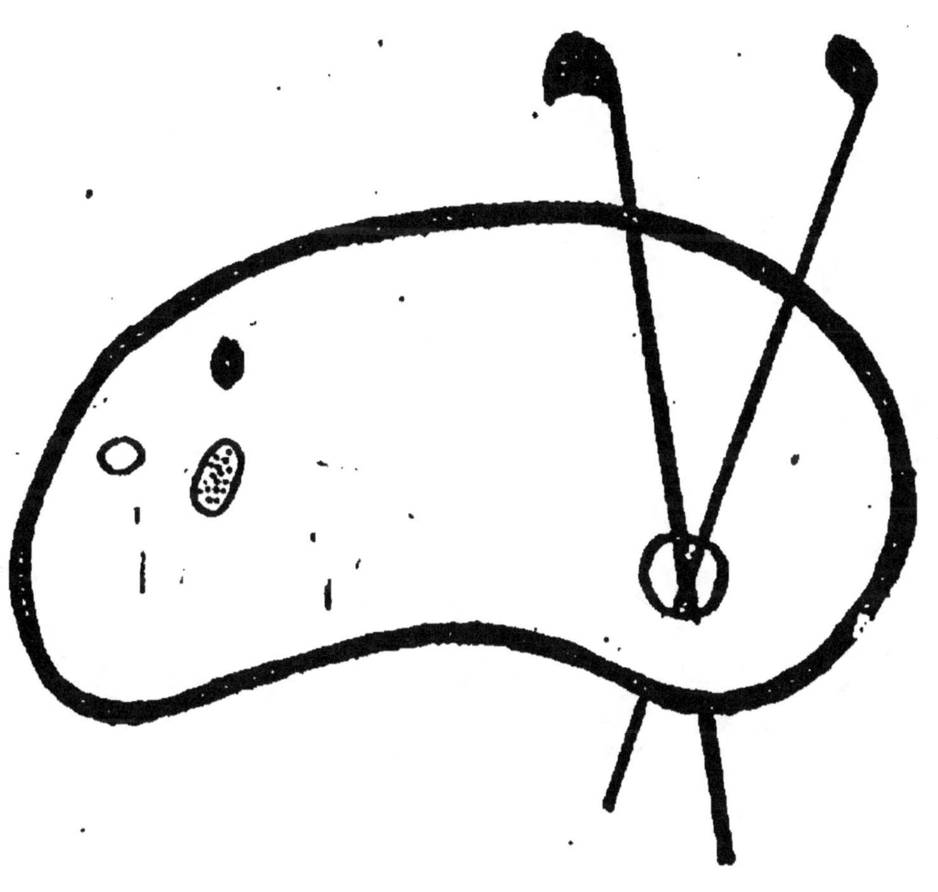

ORIGINAL EN COULEUR

www.ingramcontent.com/pod-product-compliance
Lightning Source LLC
LaVergne TN
LVHW021742030726
842523LV00003B/872